MÉTROPOLITAIN A VOIE D'UN MÈTRE

A ÉTABLIR SOUS LES RUES DE PARIS.

AVANT-PROJET

sur une longueur de 213 kilomètres.

MÉMOIRE

Descriptif et Estimatif.

Projet Barrault aîné,

Ex-ingén. des Études de la Cⁱᵉ de l'*ENTREPRISE GÉNÉRALE*

des chemins de fer Romains.

EN VENTE

CHEZ M. HÉMET (BAINS DU THÉATRE MONTMARTRE)

Place Dancourt, Paris.

1890

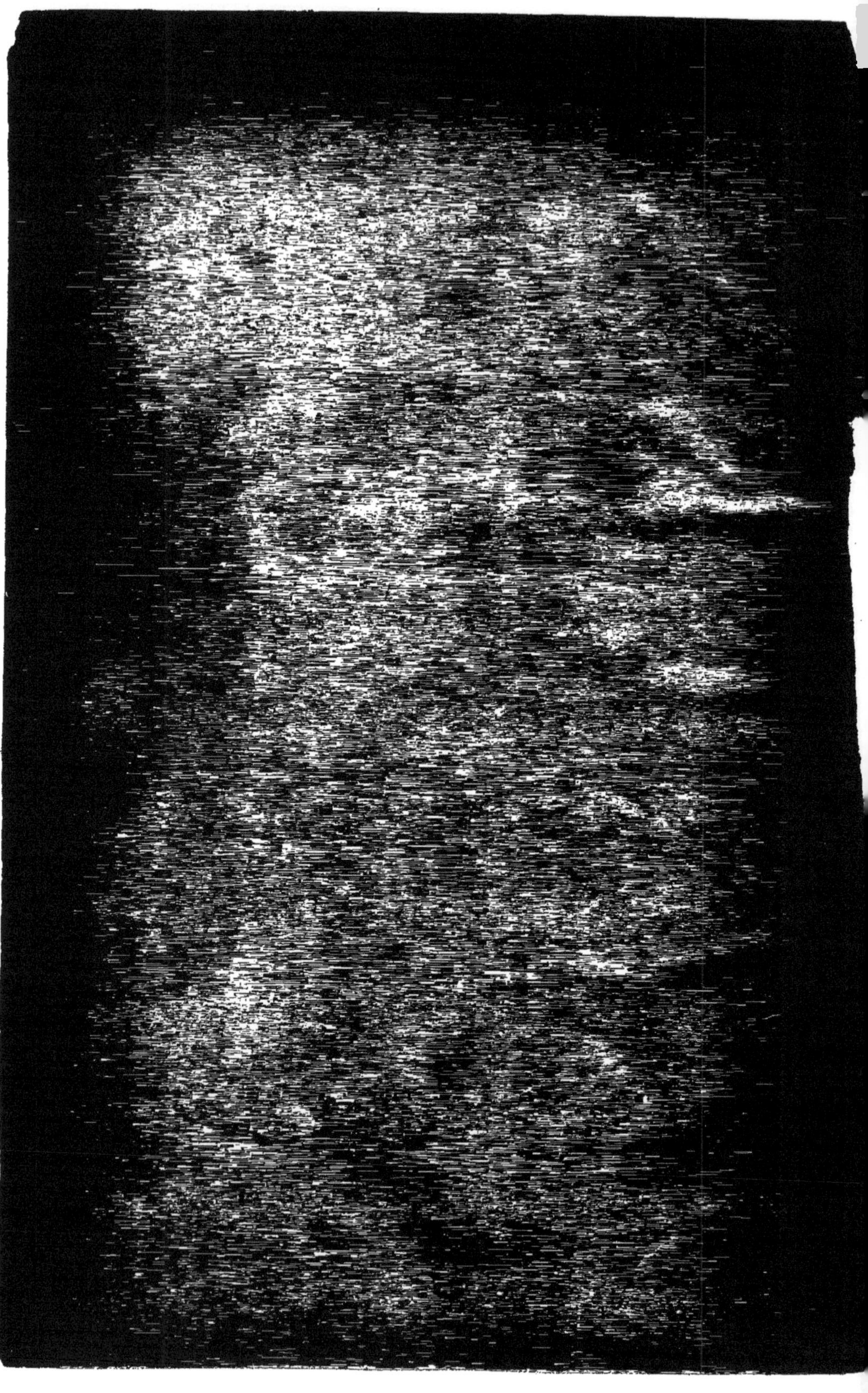

MÉTROPOLITAIN À VOIE DE 1m00,
à établir sous les Rues de la Ville de Paris.
Coupe du Tunnel pour 1 Voie.

Échelle: 0m02 pour 1m.

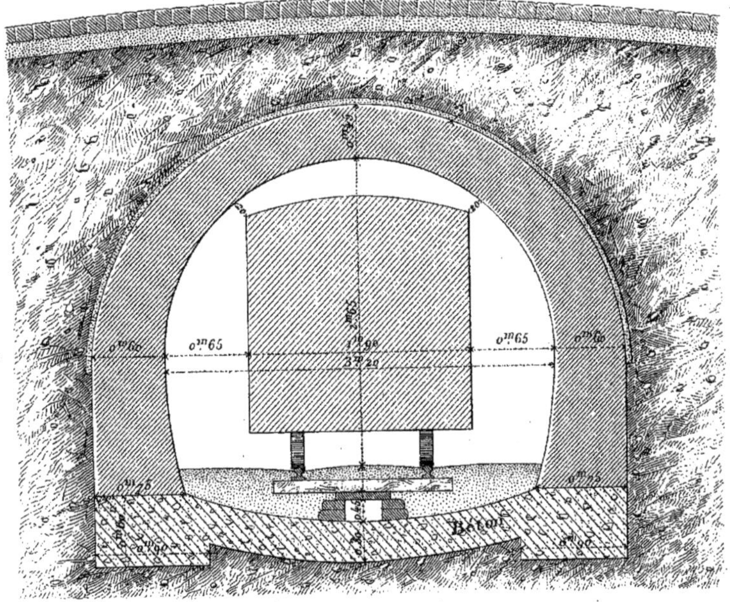

Coupe du Tunnel pour 2 Voies.

IMP. MONROCQ PARIS.

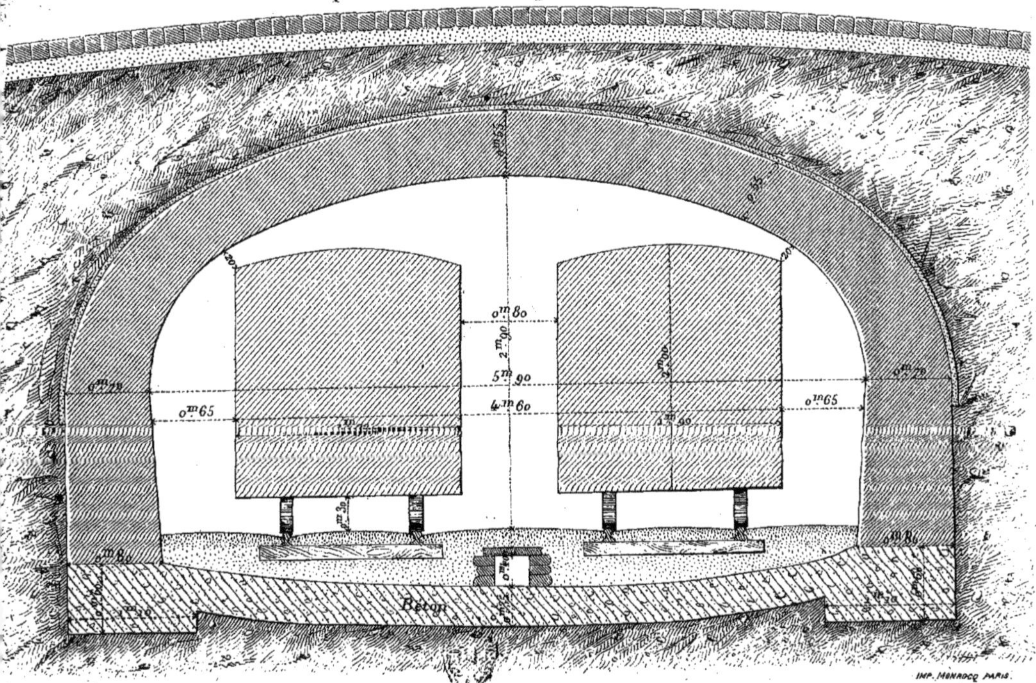

Projet Barrault ainé.

MÉTROPOLITAIN A VOIE D'UN MÈTRE

A ÉTABLIR SOUS LES RUES DE PARIS.

AVANT-PROJET

sur une longueur de 213 kilomètres.

MÉMOIRE
Descriptif et Estimatif.

Projet Barrault aîné,

**Ex-ingén. des Études de la Cie de l'*ENTREPRISE GÉNÉRALE*
des chemins de fer Romains.**

1° — A été chargé du Projet définitif du chemin de fer de Rome à
Civitta-Vecchia (Italie).
2° — Ex-chef de bureau des Études et des Travaux de la Compagnie
du chemin de fer de Moscou à Saratow, il a été chargé du
Projet définitif, de la partie comprise entre Kolomna et
Riazan (Russie).
3° — Pour la Ville de Langres, il a été chargé d'un Projet de chemin
de fer de la station de St-Michel à la station de Langres, et
passant par cette Ville (Haute-Marne).
4° — Ex-Ingénieur des Études de la Compagnie du chemin de fer de
la Vallée de la Meuse, a été chargé du Projet définitif, du
Chemin de fer de Sedan à Lérouville (Ardennes-et-Meuse).

(Voir la suite à la Page suivante).

EN VENTE
CHEZ M. HÉMET (BAINS DU THÉATRE MONTMARTRE)
Place Dancourt, Paris.

1890

M. Barrault a dressé les Projets et Avants-Projets suivants :

5° — De Béziers à Graissessac (Projet définitif).

6° — De la Souterraine au Moutier-d'Athun, par Guéret (Projet
définitif).

7° — De Lille à Valenciennes (Projet définitif).

8° — De Commentry à St-Eloi,   d°

9° — De Perpignan à Prades,   d°

10° — De Sedan à Langres, et de Neufchâteau à Vesoul (par Bour-
bonne-les-Bains), (Avant-Projet).

11° — De Clermond-Ferrand à Pontgibaud (Avant-Projet) de 3 tracés
avec déclivités de $0^m,015$, $0^m,02$ et $0^m,025$ par mètre, et trois
Estimations comparatives des trois lignes.

12° — De Caen à Trouville (Projet du chemin de fer), (Seine-Infér.).

13° — De Dieppe à Gamache,   d°

14° — De Paris à Méry-sur-Oise (Projet du Chemin de fer nécropoli-
tain de). Trois projets de Tracés avec déclivités de $0^m,01$,
$0^m,015$ et $0^m,25$ et trois Estimations comparatives des trois
trois lignes.

15° — Projet de Gisors à Rouen, par Lyons-la-Forêt (chemin de fer
à voie de 1^m) (Eure et Seine-Inférieure).

16° — De Châteauroux à Levroux et à Ecueillé (à voie de 1^m) (Indre).

17° — De La Trimouille à Argenton, par St-Benoît-du-Sault (à voie
de 1^m) (Indre).

18° — De Moutiers à Bourg-St-Maurice (à voie de 1^m) (Savoie).

MÉTROPOLITAIN A VOIE DE 1^m,00

à établir en galerie souterraine
sous les Rues, Avenues et Boulevards de la Ville de Paris.

AVANT-PROJET

SUR UNE LONGUEUR DE 213 KILOMÈTRES.

MÉMOIRE
Descriptif et Estimatif.

A Monsieur le Ministre des Travaux publics, à Paris.

MONSIEUR LE MINISTRE,

Les soussignés,

Ont l'honneur de vous exposer leurs vues et leurs observations sur l'emploi de la voie étroite pour l'établissement d'un Métropolitain dans Paris.

Le 25 mai 1883, M. J. Barrault a adressé à M. le préfet de la Seine la lettre suivante :

Au nom et comme représentant d'une Société de capitalistes, j'ai l'honneur de vous soumettre l'avant-projet et de vous demander la concession de cinq lignes ferrées en galeries souterraines à établir sur le domaine des voies urbaines de la Ville de Paris et dirigées des sous-sols des Halles-Centrales sur toutes les gares des chemins de fer et de la Butte-Montmartre.

J'ai l'honneur d'être,
Monsieur le Préfet,
votre très respectueux serviteur,
BARRAULT,
Ingénieur civil, à Paris.

M. Alphand, pour M. le Préfet, a répondu à cette lettre, que le Conseil municipal étant à la fin de sa session, n'avait pas le temps d'examiner cette demande et qu'il tenait les pièces de cet avant-projet à la disposition de M. Barrault.

Au commencement de l'année 1888, M. Barrault adressait au Conseil municipal la proposition suivante :

Paris, le 25 mai 1888.

A Monsieur le Président du Conseil municipal de Paris.

MONSIEUR LE PRÉSIDENT,

Les soussignés :

Barrault et consorts, ont l'honneur de vous soumettre un avant-projet de Métropolitain à voie étroite, sur une longueur de 118 kilomètres, en vous priant de vouloir bien le communiquer à la Commission chargée de l'examen des projets, afin d'avoir son avis et de se mettre d'accord avec le Conseil municipal avant de l'adresser à M. le Ministre des Travaux publics, dans le cas où il adopterait en principe la voie économique, et s'il accueillait favorablement leur demande sur l'utilité d'un moyen de transport facile à établir dans Paris, qui permettrait d'ouvrir des chantiers et d'occuper les malheureux ouvriers qui attendent depuis si longtemps que l'Administration veuille bien leur procurer quelques travaux.

La Société pourrait, dès maintenant, commencer la construction des lignes suivantes, à double voie, et les terminer avant l'ouverture de l'Exposition de 1889.

LIGNES

DONT LA CONSTRUCTION POURRAIT ÈTRE TERMINÉE POUR L'OUVERTURE DE L'EXPOSITION DE 1889.

RIVE GAUCHE.

1 voie. 1° De l'avenue d'Orléans à la rue de Vaugirard, par la rue
d'Alésia. . . . . 2 k.

2 voies. 2° De l'avenue des Gobelins au Champ-de-Mars,
par le boulevard Montparnasse . . . . 4 .

id.　3° Du boulevard Saint-Michel au pont de l'Alma,
par le boulevard Saint-Germain. . . . . . . 3. 500ᵐ.

RIVE DROITE.

2 voies. 1° De la Bastille au pont de l'Alma, par la rue de
Rivoli. . . . . 5. 200.

id.　2° De la place de la République à la place de la
Concorde, par les boulevards intérieurs. . . . 3. 200.

id.　3° De la Chapelle à la place de l'Opéra. . . . . . 3. 300.

id.　4° De la place d'Anvers au Trocadéro, par les
boulevards extérieurs. . . . . 5. 300.

Longueur totale . . . . 26k.500ᵐ.

Lignes à 1 voie . . . . Longueur . . . . 2k.

id.　2 voies. . . .　　id.　. . . . . . . 24. 500ᵐ.

ÉVALUATION.

1° Lignes à 1 voie , 2 k.　　à 1,500,000 . . . . 3.000.000 fr.

2° Lignes à 2 voies, 24 . 500ᵐ.　à 2,000,000 . . . . 49.000.000 .

Total des dépenses . . . . 52.000.000 fr.

Ils ont l'honneur d'être,

Monsieur le Président,

vos très respectueux serviteurs,

BARRAULT et consorts.

M. le Préfet était informé de cette démarche par la lettre suivante :

Paris, le 29 mai 1888.

A Monsieur le Préfet du département de la Seine.

MONSIEUR LE PRÉFET,

Les soussignés, ont l'honneur de vous informer qu'un avant-projet de Métropolitain à voie étroite a été remis aujourd'hui à M. le Président du Conseil municipal par les délégués des propriétaires notables de la butte Montmartre, signataires de la pétition jointe au dossier, en le priant de vouloir bien le communiquer à la Commission chargée de l'examen des projets, afin d'avoir son avis et de se mettre d'accord avec le Conseil municipal, avant de l'adresser à M. le Ministre des Travaux publics, dans le cas où il lui plairait de faire un accueil favorable à leur projet, à leurs propositions et à leur demande en concession.

La Société pourrait, dès maintenant, commencer la construction de sept lignes, sur une longueur totale de 26 kilom. 500^{m}., partant de sept points dans Paris, se dirigeant vers le Champ-de-Mars, et les terminer pour l'ouverture de l'Exposition de 1889.

Ils ont l'honneur d'être,

Monsieur le Préfet,

Vos très respectueux serviteurs,

BARRAULT ET CONSORTS.

PÉTITION

DES PROPRIÉTAIRES. NOTABLES HABITANTS
DE LA BUTTE MONTMARTRE.

A Monsieur le Ministre des Travaux publics,

MONSIEUR LE MINISTRE,

Les soussignés, propriétaires habitants de la butte Montmartre, ont l'honneur de vous exposer que, depuis bien des années, les habitants du XVIII° Arrondissement attendent en vain l'installation d'un moyen de transport économique pour desservir la population de leur arrondissement, connu comme étant le plus sain, le plus original et le plus pittoresque de Paris, et qui, avec un moyen d'accès plus facile, prendrait un développement considérable, et où l'on trouverait, sans peine, le moyen de faire des constructions pour y loger cent mille habitants de plus.

Depuis longtemps, divers projets ont été présentés au Conseil municipal de la Ville de Paris, en vue de faciliter l'accès de la Butte Montmartre, tels que : tramway funiculaire et ligne d'omnibus ; mais le Conseil n'a pas cru devoir donner suite à ces deux moyens de transport qui ne répondaient pas, sans aucun doute, suffisamment aux besoins de la population qui éprouve de sérieuses difficultés pour le transport des matériaux de construction et des approvisionnements destinés à l'alimentation journalière des habitants.

En 1883, un avant-projet de chemins de fer à voie étroite, sous les rues, partant des Halles centrales, passant par la Butte Montmartre et aboutissant à la station de l'avenue de Saint-Ouen (chemin de fer de Ceinture), a été adressé à M. le Préfet de la Seine ; n'ayant pas été examiné par le Conseil municipal, l'auteur de ce projet, M. Barrault, présente aujourd'hui un nouveau projet de chemin de fer économique, d'après le système de celui établi au Righi (Suisse), à Langres (Haute-Marne), et d'Estremblière au plateau des Treize-Arbres, sur le Grand-Salève (Haute-Savoie), proposé par M. Loubet, Ministre des Travaux publics.

Ce projet leur paraissant bien étudié, très pratique, devant être d'une grande utilité, appelé à rendre de très grands services aux habitants de Montmartre, ils seraient heureux, Monsieur le Ministre, si vous vouliez bien leur faire l'honneur d'accueillir favorablement l'avant-projet de ce jour, joint à leur pétition et à la demande en concession de MM. Barrault et consorts, qui leur paraît répondre d'une manière satisfaisante, tant au point de vue des transports des approvisionnements quotidiens des habitants de la Butte, qu'à celui du transport des voyageurs et des marchandises, et ils vous en seraient très sincèrement reconnaissants.

Ils ont l'honneur d'être,

Monsieur le Ministre,

Vos très respectueux serviteurs.

Signé :

BACHELET, Propriétaire, 28, rue Lamark.
COLLARD, id. 30, rue de la Barre.
LÉCUYER, id. 44,   id.
CROISET, id. 48,   Id.
L. CRISTY, id. 48,   id.
J. CRISTY, id. 48.   id.
Veuve LEVOS, id. 55,   id.
L. HAMERBACHER id. 18, 20, 22, rue du Mont-Cenis.
L. HAMERBACHER fils, id., métreur-vérificateur, 22, rue du Mont-Cenis.

Veuve Fortier, id. 1, rue des Saules.
Cautel père, id. 91 et 93, rue Lepic.
Cautel fils, id.   id.
L. Pautonnier, id. 97, rue Lepic.
E. Roger, id. 11 bis, rue Norvins.
Feuardent, id. 97 et 99, rue Lepic, 11 et 11 bis, rue Norvins.
H. Pène, id. 15, rue Norvins.
Veuve Hugonet, id. 11, rue Girardon.
Mme Le Blanc, id. 13,   id.
Mme Costuroffe, id. 86, rue Lepic.
F. Hubel, id. 48, boulevard de Clichy.
Prud'homme, id. 39, rue Lepic.
Berthelier, id. 18, rue de l'Abreuvoir, et 2, rue Girardon.
Momon, id. 20, rue Norvins
J. Dujenor, id. 18,   id.
E. Thaisé, id. 26, rue Ravignan.
Madault, id. 30,   id.
Girard, id. 2, 12 et 14, rue Cortot.
A. Nouve, id. 12, rue Durantin.
Angles, id. 15,   id.
H. Biron, id. 15,   id.
Hacourrière, id. 51, rue Gabrielle.
G. Croëgant, id. 51,   id.
Hanot, id. 36, rue du Poteau.
Comte de Plinval, id. 22, rues Norvins, des Saules, et de l'Abreu-
    voir.
Brunière, id. 14, rue Ravignan.
Ch. Dumont, id. 9, rue Berthe.
Castillon, id. 22, rue Tholozé.
Guérard, id. 27, rue Caulaincourt.
Sausset, id. 10, rue Devet.
Igon, id. 16, rue Berthe.
Goyon père, id. 27, rue Berthe.
Gillet, id. 24, rue Norvins.
J. Coché-Maillard, id. 14 et 22, rue Burcq.
S. Thibauville, id. 6, rue Garreau, et 13, rue Ravignan.
Goyon fils, id. 27, rue Berthe.
Porral, id. 8, rue Saint-Vincent.
Lesueur, id. 21, rue Rochechouart.
Savouré, id. 24, rue de la Tour.
Lepage, id. 33, rue Tholozé.
Veuve Alloin, id. 3,   id.
Dietsche, id. 23, rue Berthe, 7 et 9, rue Chappe, 14, rue des Trois-
    Frères.
Mespoulet, id. 25, rue Berthe.
Veuve Duerdant, id. 19, rue Berthe.
Veuve Lecerf, id. 15,   id.
Marcelin Lefilleul, id. 11, id.
Thierry, id. 25, rue Gabrielle.
Léopold Peyre, id. 25, rue Tholozé.
Villoin, id. 7,   id.
E. Texier, id. 23,   id.
Noyelle, id. 7, rue Girardon.
Daval, id. 7, rue Saint-Luc.
Richefer, id. 14, 16, 18 et 20, rue Gabrielle.

F. Maudeville, id. 1, place du Calvaire.
Dupuis, id. 88, boulevard Barbès.
Capelli, id. 3, rue Garreau.
J. Fleurant, id. 11, rue Ravignan, et 2, rue Garreau.
Debray, id. 1, rue Garreau, et 11, rue de Maistre.
Vicomte de Plinval, id. 22, rue Norvins, rues des Saules et de
    l'Abreuvoir.
Casses, id. 57, rue Berthe..
Raynal, id. 42,   id.
Juillet, id. 55,   id.
Veuve Gueniez, id. 28, rue Berthe.
L. Bourgeois, id. 34,   id.
Hémet, id. cité des Bains, place Dancourt.

Les soussignés, guidés par un sentiment du bien public, ont l'honneur de soumettre à l'examen de Monsieur le Ministre des Travaux publics, un avant-projet nouveau de Métropolitain à voie étroite, afin de s'assurer s'il n'y aurait pas lieu d'établir économiquement un réseau de voies ferrées sous les rues de Paris.

Si la voie de 1^m00 est économique, utile et rend de grands services dans beaucoup de départements, c'est bien le cas ou jamais d'en faire l'application dans la Capitale, et de remplacer le Métropolitain à voie large, qui ne pourra être établi que sur une petite longueur, tandis qu'avec une somme de **292,800,000 francs** seulement, on pourrait construire et desservir la ville de Paris sur un développement de **213 kilomètres** avec une voie sur **120 kilomètres** sous les rues, et sur **93 kilomètres** en galeries souterraines à deux voies, sous les avenues et sous les boulevards, permettant de desservir utilement, d'une manière générale, le commerce, l'industrie et la classe des travailleurs, sur tous les points de la Capitale.

Le premier avant-projet de M. Barrault n'ayant pas été examiné par le Conseil Municipal, en 1883 ; la deuxième proposition du même auteur de l'avant-projet de 118 kilomètres présenté le 25 Mai 1888, ayant subi le même sort, et la **construction des voies ferrées économiques** pouvant assurément trouver une très utile application dans la capitale pour un Métropolitain, la voie large de la galerie souterraine coûtant 5 ou 10 fois plus dans Paris que la voie étroite, suivant les vues et calculs de leurs auteurs. La voie normale présentant d'énormes dépenses, des difficultés de toutes sortes, les soussignés espèrent, qu'en présence des nombreux projets examinés et repoussés par la Commission des Chemin de Fer, ainsi que les projets soumis aux enquêtes dans la première quinzaine du mois d'août paraissant rencontrer de la part de la population des protestations les plus énergiques, les soussignés ont l'espoir, Monsieur le Ministre, que la présente demande sera examinée avec bienveillance et qu'elle sera favorablement accueillie par la Commission des Chemins de Fer.

A tous les points de vue, l'établissement d'un Métropolitain paraît nécessaire sinon indispensable, en tout cas, la solution est plus urgente que jamais.

Si le moment des réformes est arrivé, et si le Métropolitain doit être construit, il ne peut l'être qu'au moyen d'une économie absolue.

Avec les tracés divers, quel sera le chiffre de la dépense de premier établissement, d'entretien et d'exploitation, et de combien le budget sera-t-il augmenté par année pour cause d'insuffisance de recette ?

Enfin, il va falloir connaître approximativement dans quel imprévu cette grosse entreprise va engager les finances des contribuables de la Ville de Paris et de l'Etat.

Le Métropolitain de Londres a coûté près de 18 millions par kilomètre.

Londres a une population de 5 millions d'habitants et le diamètre de la Cité dépasse 20 kilomètres.

A Londres, les distances à parcourir sont grandes, un Métropolitain était donc indispensable pour transporter voyageurs et marchandises d'une gare à l'autre, les maisons de Londres sont moins massives et moins rapprochées que les maisons ds Paris.

Le prix de revient des lignes souterraines de la Ceinture de Londres sur 21 kilomètres est de **15 millions** par kilomètre, et **le dernier kilomètre** qui ferme le circuit, dans la Cité même, la seule partie de Londres où les constructions soient lourdes et rapprochées comme dans la plupart des quartiers de Paris, a coûté **50 millions !** a compromis sérieusement son installation.

La construction a duré 20 ans.

A Paris le Chemin de Fer de Ceinture a été établi à grands frais pour débarrasser les voies publiques des voitures de camionnage encombrantes, en reliant les gares entre elles, et a coûté plus de **2 millions** par kilomètre.

Un Métropolitain à voie large a-t-il la même utilité à Paris qu'à Londres, nous ne le pensons pas, à cause des petites distances à parcourir et des grandes dépenses nécessaires à son installation.

RENSEIGNEMENTS SUR LES DIVERS PROJETS DU MÉTROPOLITAIN DE PARIS.

La dépense par kilomètre du Métropolitain à voie normale, varie suivant les auteurs des projets connus et présentés au Conseil Municipal par des ingénieurs civils, et par ceux étudiés par les ingénieurs des ponts-et-chaussées attachés au Service Municipal ou ceux de l'État.

Nous plaçons en tête de la liste le projet de M. Haag, ingénieur en chef des ponts-et-chaussées.

	Longueurs	Prix par kilom.	Dépense totale
	K	F	F
Le Métropolitain aérien de M. Haag, Ing. des ponts et chaussées	24.864	18.000.000.	415.000.000.
Le Métropolitain de Londres	21.000	15.000.000.	315.000.000.
Dans la Cité	1.000	50.000.000.	50.000.000.
	22.000	65.000.000	365.000.000 F

DÉPENSE MOYENNE PAR KILOMÈTRE : **18.000.000** fr.

	K	F	F
Projet de l'Etat en 1888	24.400	9.000.000.	230.000.000.
» » » 1887	29.333	7.500.000.	220.000.000.
Conseil municipal	30,000	6.500.000.	195.000.000.
Société Eiffel, Ing. civil	11.225	7.038.000.	79.000.000.
Projets Desroches et Barreau, ing. civils	132.000	6.400.000.	736.000.000.
Projet de la Comp. du Nord	4.100	6.098.000.	25.000.000.
Projet Letellier, ing. civil	40.650	5.000.000.	200.000.000.
Projet Guerbigny ⎰ Souterrain	4.000	5.000.000.	20.000.000.
Ing. civil ⎱ Lignes aériennes	20.000	4.000.000.	60.000.000.
Projet Lemasson, ing. des Ponts et Chaussées	12.000	4.000.000.	48.000.000.
Projets Vauthier, ing. des Ponts et Chaussées aérien, dont plusieurs tunnels, un sous le Trocadéro sur 1890 m	» »	2.800.000.	» »
Avant projet Barrault, ing. civil, 1883 (à une voie de 1 m.)	19.000	1.000.000.	19.000.000.
Avant projet Barrault (à voie de 1 m., 1888), à 2 voies : 46 k. à 2,000,000 F / à 1 voie : 72 k. à 1,500,000 F ⎰ 1,750,000 F. par kilomèt. / 118 kil.	118.000	1.750.000.	200.000.000.
Avant projet ⎰ 1 voie de 1 m. 120 k. 1,200,000 F en 1890. ⎱ 2 voies de 1 m. 93 k. 1.600,000	213.000	1.400.000.	292.000.000. F

LE NOUVEAU MÉTROPOLITAIN DE LONDRES.

Pendant qu'on discute encore sur la question de savoir si le futur chemin de fer métropolitain de Paris sera aérien ou souterrain, peut-être même s'il est opportun de le construire, les Anglais construisent à Londres un second réseau urbain qui est à la veille d'être livré à la circulation.

Partant de la cité, ce nouveau railway souterrain, comme le premier, se dirige vers le Sud, au dessous de la Tamise ; il se compose de deux tunnels accolés latéralement sur la plus grande partie de la ligne et superposés dans les rues étroites du voisinage de la station de la cité.

La ligne se trouve à une profondeur telle, qu'elle ne dérange ni égoûts, ni cables électriques, ni conduites d'eau ou de gaz ; en outre, comme elle passe directement sous la chaussée des rues, on n'aura ni indemnité à payer, ni terrain à acheter, si ce n'est aux stations.

C'est là l'une des principales causes de l'économie considérable réalisée dans la construction comparativement aux voies souterraines, il faut aussi faire entrer en ligne de compte les progrès immenses réalisés depuis quelques années dans l'exécution des travaux hydrauliques.

On appréciera l'importance de ces progrès quand on saura que l'un des deux tunnels sous la Tamise dont nous venons de parler, a été achevé en quinze semaines et n'a coûté que 500,000 francs, tandis que le fameux tunnel sous la Tamise, dû à notre compatriote, l'ingénieur Brunel, ne demanda pas moins de dix-sept ans, et coûta douze millions et demi.

Il y aura une voie pour l'aller et une voie pour le retour, de façon que les wagons rouleront toujours dans le même sens et que l'aérage assuré par des ventilateurs sera extrêmement facile.

Rien à craindre en ce qui concerne l'imperméabilité du tunnel, dont les parois seront parfaitement étanches ; comme il se compose d'un grand tube de fonte noyé dans un massif de ciment hydraulique, on est en droit d'attendre qu'il demeurera dans le même état *in secula secularum*.

Le système de construction est des plus simples. Après le percement d'une galerie de direction, on ouvre la grande section du tunnel au pic et à la pioche, sur un avancement de 45 centimètres, puis on met en œuvre un « bouclier » qu'on peut comparer au couvercle d'un télescope dont le tube forme le corps.

Ce bouclier, dont le bord est armé de couteaux, est poussé dans le sol par la pression hydraulique et parachève, en un quart d'heure, le travail exécuté à bras. Ceci fait, on place un anneau du tube, en bloquant l'espace compris entre cet anneau et les parois de l'excavation avec du ciment à prise rapide et ainsi de suite.

Chaque anneau du tube se compose de six segments de 45 centimètres de longueur et de 0ᵐ02 cent. 5 d'épaisseur, et d'une pièce qui forme clef, le tout réuni par des assemblages à brides.

Les trains se composent de cinq à six voitures semblables aux voitures des tramways, mais p'us larges et plus hautes. Elles laisseront un intervalle de 0ᵐ,15 centimètres sous la clef du tunnel et de 0ᵐ,45 centimètres de chaque côté.

Les voyageurs seront descendus au niveau de la voie et remontés au jour au moyen de grands ascenseurs hydrauliques à action directe, semblables à ceux du tunnel de la Mersey, qui peuvent porter cent personnes à la fois.

On a déjà construit sous la Tamise, sur les mêmes plans et d'après la même méthode, un tunnel plus petit à l'usage des piétons.

Sur les points des lignes projetées, nous aurons peut-être occasion d'employer le même mode de construction où il faudra descendre la voie nouvelle près de la nappe aquifère.

Nous appelons la plus sérieuse attention de Monsieur le Ministre sur le dernier projet à voie de 1ᵐ,00 qui dessert tout Paris, seul capable de donner la solution tant désirée des transports à bon marché, solution qui donnera satisfaction entière à la population parisienne.

MÉTROPOLITAIN A VOIE NORMALE
DANS PARIS.

Le Métropolitain à voie normale dans Paris sera plein d'imprévu, difficile à construire et encore plus difficile à exploiter, à cause de l'emploi fréquent des courbes à petit rayon et parce que les distances à parcourir ne sont pas grandes, et que le trafic d'un chemin de fer ne devient rémunérateur qu'en raison des distances plus ou moins grandes des transports à effectuer, soit en voyageurs, soit en marchandises.

A Paris, les gares de l'Ouest, du Nord et de l'Est sont absolument dans l'intérieur de la Ville, ainsi que celle du chemin de fer de Vincennes.

Celles d'Orléans, de Sceaux et de Montparnasse sont sur les boulevards extérieurs. Reste celle de Lyon qui est la plus éloignée du centre. Mais c'est précisément pour effectuer le transport des marchandises d'une gare à l'autre, que le chemin de fer de ceinture a été construit, et il les relie parfaitement.

Etablir une deuxième ceinture dans Paris, c'est supprimer le travail du chemin de fer de ceinture, qui a coûté 69,187,834 francs, pour une longueur de vingt-sept kilomètres, soit une dépense de 2,387,787 fr. par kilomètre, et servir purement et simplement le monopole des grandes Compagnies. Une nouvelle ceinture intérieure comme celle projetée par la Compagnie du Nord et la Société Eiffel, ne peut desservir que les gares qu'elles relient à l'intérieur et la population qui se trouve à proximité des lignes projetées et demandées par ces deux

Compagnies. Les quelques kilomètres du Métropolitain d'un parcours si restreint, 15 kilomètres, ne serviront que peu aux commerçants, très peu aux négociants et pas du tout à la classe des travailleurs ; il reste donc bien démontré que le Métropolitain, formant une toute petite ceinture dans Paris, n'a été projeté qu'en vue de servir quatre sur sept des gares des grandes Compagnies.

Dans ces conditions, après un examen sérieux de la question relative à l'établissement d'un Métropolitain à voie normale, qui ne peut rendre de services ni aux négociants, ni à la classe des travailleurs, les soussignés, au nom de la grande majorité parisienne, demandent un Métropolitain desservant tous les intérêts parisiens.

En conséquence, Monsieur le Ministre, les soussignés ont l'honneur de vous présenter un avant-projet de Métropolitain à voie de 1^m00, qui rendra de très grands services à la population parisienne ; d'une exécution facile, très facile aussi à exploiter, rapportant des bénéfices à ses actionnaires, faisant le même travail qu'un Métropolitain à voie large, et coûtant de 5 à 10 fois moins par kilomètres, suivant les projets divers connus à ce jour.

A l'appui de leur demande, ils citent quelques exemples des bénéfices nets réalisés dans l'exploitation des chemins de fer à voie étroite, où l'on a su et voulu les construire avec une sage et prudente économie.

CHEMINS DE FER A VOIE D'UN MÈTRE

EN EXPLOITATION DONNANT DES BÉNÉFICES NETS APRÈS TOUTES DÉPENSES PAYÉES ET 5 0/0 AU CAPITAL DE PREMIER ÉTABLISSEMENT.

1° — Chemin de fer à voie de $1^m,00$ d'Hermes à Beaumont (Oise et Seine-et-Oise) en 1889, a produit un bénéfice net, par kilomètre, de .... 1.577 f.

2° — Chemin de Bourges à Dun-sur-Auron (Cher) par kil. 1.088.

3° — Chemin de fer du Mans au Grand-Lucé (Sarthe), par kilomètre .... 1.092.

L'exploitation du chemin de fer de Festiniog (Angleterre), à voie de $0^m,60$ sur 22 kilomètres, a donné, en 1886, une recette de 35,000 fr. par kilomètre et un bénéfice de plus de 20,000 fr. par kilomètre à ses actionnaires. En 1888, ce même chemin a donné 27,000 fr. par kilomètre et un bénéfice de 15,000, fr également par kilomètre.

Aux États-Unis, les chemins de fer à voie de $1^m,00$ sont établis sur une longueur de plus de 12,000 kilomètres.

Les millions de visiteurs du monde entier qui ont vu notre merveilleuse Exposition du Centenaire de 1889, ont pu constater l'utilité et les sérieux services rendus par le chemin de fer à voie étroite transportant les visiteurs du Champ-de-Mars à l'esplanade des Invalides et des Invalides au Champ-de-Mars, et ceux qu'il est appelé à rendre, dans l'avenir, dans toutes les industries importantes du monde entier comme moyen de transport économique.

Aujourd'hui, la démonstration est faite et donne complètement raison à l'auteur du présent avant-projet.

Il importe donc de construire des voies ferrées dont la largeur soit proportionnelle à l'importance du trafic; sortir de ce principe économique, c'est tendre vers l'inconnu et donner prise à un emploi peu judicieux des ressources des contribuables ou de l'État.

La voie de $1^m,00$ étant plus confortable que celle de $0^m,60$ dans l'installation du Métropolitain qu'ils présentent, c'est bien celui qui convient le mieux aux Parisiens et qu'il est prudent et sage d'adopter pour desservir facilement et économiquement la Ville de Paris.

Aujourd'hui comme avant l'Exposition de 1889, la conservation des principaux monuments du Champ-de-Mars étant chose décidée, appelle l'attention de l'État et de la Ville de Paris sur les moyens de transport à établir, afin de s'y rendre aux meilleures conditions économiques possibles de temps et d'argent.

Certains ingénieurs disent que le résultat obtenu sur une voie de $0^m,60$ constitue un tour de force et que si l'on avait à construire une ligne destinée dès l'abord à un trafic considérable, il ne faudrait certainement pas adopter une largeur aussi réduite.

Il est intéressant de connaître l'opinion d'un des plus estimés de nos ingénieurs, M. Sévène, directeur de la construction de la Compagnie du chemin de fer d'Orléans, qui a visité le Festiniog à Port-Madoc.

« La ligne traverse un pays très accidenté. Grâce à sa petite lar-
« geur et à des inflexions prononcées, on la voit se développer sur le
« flanc de ces montagnes escarpées et lécher le terrain presque sans
« terrassements. On peut apprécier, dans ce parcours que nous avons
« fait à découvert, **l'immense avantage de la petite voie au**
« **point de vue de la facilité et de l'économie de l'établisse-**
« **ment**, il est écrit sur ces lieux **avec une évidence qui frappe-**
« **rait les yeux les plus prévenus.** Cette petite ligne court à fleur
« du sol à travers un pays bouleversé où un chemin de fer ordinaire
« ne trouverait sa place qu'au prix de travaux gigantesques. »

Un des résultats les plus remarquables de cette exploitation, et qui n'est pas un des moindres avantages de la voie de $0^m,60$ sur la voie normale, consiste dans la proportion réduite du poids mort remorqué, comparé au poids payant des voyageurs.

Ainsi, le wagon dos à dos pèse 1,300 kilogrammes et contient 14 voyageurs, le wagon du 2me type pèse 1,200 kilogrammes et contient 12 voyageurs, le dernier type système américain pèse 6,000 kilogrammes et contient 50 voyageurs; c'est donc, en résumé, 100 à 120 kilogrammes de poids mort par voyageur, tandis que sur les grands chemins de fer, le poids mort est généralement de 250, 200 ou 150 kilogrammes par voyageur, suivant qu'il s'agit de 1re, de 2e ou de 3e classe.

La proportion du poids mort est de 300 kilogrammes seulement par tonne, et, **dans les grands chemins de fer, elle est de 6 à 800 kilogrammes.**

Les lignes projetées et demandées par les soussignés sont les suivantes :

LIGNES A 2 VOIES.

1° Des Halles-Centrales aux Magasins-Génér. de Bercy. 5^k.300^m.

2° De la station de Vincennes (chemin de Ceinture) au pont de Neuilly, par la rue de Rivoli . . . . . . 12^k.400^m.)
De la Porte-Maillot au pont de Suresnes. . . . 5.000.) 17.400.

3° Du Père-la-Chaise à la place de la Concorde 5.300.)
Avec embranchement de la Madeleine au boulevard Haussmann . . . . 500.) 5.800.

4° De la gare du Nord à l'Arc-de-Triomphe de l'Étoile, par la rue Lafayette . . . . 4. 800.

5° De la gare de l'Est à la gare Montparnasse, par les Halles-Centrales . . . . 5 k. 300^m)
Et de la rue Turbigo à la place du Châtelet . . . 800.) 6. 100.

6° De la place de la Bastille et de la gare d'Orléans à la gare du quai de Grenelle . . . . . . 7.200.)
Et embranchement de la place de la Concorde. . » 500.) 7. 700.

7° De la gare de Lyon à la porte de Clignancourt. . . . . 6. 400.

8° Du Palais-Royal à la gare de l'Ouest et à l'avenue de Clichy . . . . 4. 000.

9° Des Halles-Centrales à la place du Tertre (butte Montmartre). . . . . 3. 800.

10° De la place de la Nation à l'Arc-de-Triomphe de l'Étoile et au Trocadéro, par les boulevards extérieurs, de la Chapelle, etc. . . . . 12. 200.

11° De l'Arc-de-Triomphe de l'Étoile au pont de Suresnes 8. 300.

12° De la place de la Nation au Trocadéro, par la gare de Sceaux et la gare Montparnasse . . . . 11. 200.

Total . . . . 93^k. 000^m.

LIGNES A UNE VOIE.

1° De la place de la Nation à la place d'Italie, par le boulevard de Bercy. . . . . 4^k. 600^m.

2° De la gare de Vincennes à la porte Daumesnil . . . . 3^k. 000^m.)
A la porte de Charenton. . . . . 1. 300.) 4. 300.

3° De l'avenue de Bouvines à la porte de Montreuil . . 2. 400.

4° De la place de la Nation à la rue Saint-Sébastien (boulevard Voltaire). . . . . 2. 300.

5° De la Bastille au Père-Lachaise . . . . . 1^k. 600^m.)
Et à la rue des Pyrénées . . . . 2. 300.) 3. 900.

A reporter. . . . . 17^k.500^m.

Report . . . . 17k. 500m.

6° Du Père Lachaise à la place des Trois-Com-
munes. . . . . 2k. 200m.}
Et à la porte de Bagnolet. . . . . 1. 000.}   3. 200.

7° De la rue du Pont-Louis-Philippe à la rue des Pyrénées . . . .   3. 300.

8° De la rue du Faubourg-du-Temple au boulevard de
Reuilly. . . . .   4. ».

9° Du boulevard de Sébastopol, par la place de la République, à la rue d'Allemagne . . . . . .   3. 200.

10° Du boulevard Magenta à la porte de Pantin . . . .   3. 100.

11° De la rue Lafayette au pont de Flandre. . . . . .   2. 100.

12° De la rue de Strasbourg à la porte de la Chapelle-
Saint-Denis . . . .   2. 400.

13° De la rue du Faubourg-Montmartre à la place du
Tertre, par le Marché Saint-Pierre, les rues Sainte-Marie,
Becquerel et du Mont-Cenis. . . . .   2. 330.

14° De Notre-Dame-de-Lorette à la station de Saint-
Ouen (chemin de fer de Ceinture) . . . . . . 2k. 800m.}
Et Embranchement de la rue Marcadet. . . 0. 580.}   3. 380.

15° De la Madeleine à la Porte Champerret . . . . . .   3. 290.

16° De la Place de la Bourse à l'Opéra. . . . .   0. 800.

17° De l'Avenue de l'Opéra à la rue Turbigo . . . . . .   1. 200.

18° De la rue Royale à la Porte des Ternes . . . . . .   3. 200.

19° De la gare St-Lazare à la rue des Entrepreneurs,
par l'Avenue d'Antin, le Pont des Invalides et de l'École
militaire. . . . .   4. 800.

20° De l'Avenue de Wagram à la rue de Flandre, par la
rue Championnet . . . .   5. 800.

21° De l'Avenue des Ternes à la Porte d'Asnières . . .   1. 400.

22° Du rond-point des Champs-Élysées au Trocadéro
et à la Muette. . . . .   3. 000.

23° Du Trocadéro à la station de Levallois . . . . . .   4. 400.

24° De la rue Franklin au pont de St-Cloud . . . . . .   5. 400.

25° De l'Avenue de la Grande Armée à l'Asile Ste-
Anne.   8. 760.

26° De l'Arc-de-Triomphe de l'Étoile au Boulevard de
l'Hôpital par le Pont de l'Alma et le Boulevard Montparnasse. . . . .   7. 160.

27° De la gare du Quai de Grenelle au Boulevard Gari-
baldi.   1. 800.

28° De l'Avenue de l'Opéra à la Porte de Versailles par
les rues du Bac, Sèvres et Lecourbe . . . .   5. 500.

29° de l'Odéon à la Porte de Versailles. . . . .   4. 070.

30° De la rue de Vaugirard à la porte d'Orléans . . . .   2. 600.

31° De la rue des Écoles à la gare de Sceaux. . . . . .   2. 200.

32° Du Boulev. Arago à la Porte de Châtillon 1k.500m.}
Et au Parc de Montsouris . . . . 1. 200.}   2. 700.

33° De la Place Maubert à la Porte d'Italie . . 3. 600.}
Et de la Place d'Italie à la Porte d'Ivry . . . . 1. 500.}   5k. 100m.

Total . . . . . . 120k. 000m.

ESTIMATION.

FRAIS DE PREMIER ÉTABLISSEMENT :

Galeries souterraines à 2 voies sur 93 k^m. à 1.600.000 f. — 148.800.000 f.
   »   »   à 1 voie sur 120 k^m. à 1.200.000 f. — 144.000.000.

Longueur : 213 kilom.

Dépense totale . . . . . 292.800.000^f.

Il reste encore d'autres lignes certainement très intéressantes à desservir qui pourront être établies après la construction des deux cent-treize kilomètres qui desservent tous les arrondissements de Paris d'une manière très satisfaisante si on les compare aux 15 kilomètres demandés par la Compagnie du Nord et M. Eiffel.

TRAFIC.

La Compagnie des Omnibus, en 1885, a transporté 177,425,000 voyageurs sur un parcours de 303 kilomètres.

La recette du trafic s'est élevé à 36,654,009 francs et donne une moyenne par voyageur de 0 fr. 1841.

Les lignes des chemins de fer, en 1885, ont apporté à Paris 5,431,000 tonnes de marchandises.

Le nombre des voyageurs dans les gares de Paris a été, en 1881, de 24,423,000.

Les éléments du trafic approximatif et probable étant connus et mis en rapport avec le prix de premier établissement par kilomètre, nous pouvons dire, dès maintenant, ce que rapportera le Métropolitain à voie étroite à établir sur une longueur de 213 kilomètres.

Éléments du trafic. — Longueur des lignes projetées :
Tunnels à deux voies sur une longueur de . . . . 93^k.000^m.
Tunnels à une voie sur une longueur de . . . . 120.000.

Longueur totale des voies. . . . . 213^k.000^m.

1° Voyageurs $\dfrac{177,425,000}{303} = 585,561$ par kilomètre.

2° Voyageurs se rendant aux gares ; 24,483,000.

3° Bagages 18 0/0 du produit des voyageurs se rendant aux gares.

4° Marchandises entrant dans Paris : 5,431,000 ^{T}.

RECETTE PROBABLE.

1° Voyageurs 585,561 × 213 kilomètre = ... 124.724.493

2° Voyageurs se rendant aux gares :

$$\frac{24.483.000}{213} = 114,943$$

Circulant sur 1/3 de la longueur totale $\dfrac{213}{3} = 71$ ^{k}.

donnent 114,913 voyageurs × 71 kilomètres 8.160.953

Total des voyageurs 132.885.446

Voyageurs 132,885,446 à 0 fr. 10. . . . . 13.228.545 f.

3° Bagages 18 0/0 du produit des voyageurs se rendant aux gares 8,160,953 × 0 fr. 10 = 817,095 fr.

Soit $\dfrac{816,095 \times 18 \ 0/0}{100} =$ . . . . 146.897.

4° Marchandises 5,431,000 tonnes à transporter sur le 1/3 de 213 kil. = 71^{K} × 5,431,000^{T} = 385,601,000^{T}
385,601,000^{T} à 0 fr. 12 par tonne. . . . . 46.272.120.

Total de la recette brute . . . . 59.707.562 f.

Soit $\dfrac{59.707,562 \text{ fr.}}{213} =$ par kilomètre **280,317** fr.

FRAIS D'EXPLOITATION.

60 0/0.

Intérêts du capital du premier établissement : 1,4000,000 fr. à 5 0/0. . . . . 70.000 f.

Frais d'exploitation 59,707,562 à 60 0/0 = $\dfrac{35,824,537}{213} =$ 168.190.

Dépenses d'exploitation par kilomètre . . . . 238.000 f.

RÉSULTAT PROBABLE.

Recette brute par kilomètre . . . . 280.317 f.
Dépenses d'exploitation 60 0/0. . . . . 238.198.

Bénéfice net par kilomètre . . . . **42.127 f.**

Dans le cas où les frais d'exploitation descendraient à 50 0/0 de la recette brute, comme ceux du Métropolitain de Londres en 1872, le chiffre du bénéfice net serait le suivant :

Intérêts du capital de premier établissement 1,400,000 à 5 0/0 = ... 70.000 f.
Frais d'exploitation :
59,707,562 fr. à 50 0/0 = $\dfrac{29,853,781}{213} =$ . . . . 140.158.

Dépenses par kilomètre. . . . . 210.158 f.

RÉSULTAT PROBABLE.

Recette brute par kilomètre . . . . 280.317 f.
Dépenses d'exploitation à 50 0/0 . . . . 210.158.

Bénéfice net par kilomètre . . . . **70,159 f.**

Soit 5 0/0.

Ce qui fait un produit de 10 0/0, y compris le remboursement de l'intérêt du capital à 5 0/0 déjà compté.

(Le Service des Halles centrales n'est pas compris dans ce calcul ; ce trafic devra augmenter encore un peu le chiffre du produit net).

Le même trafic moyen avec la voie de 1 mètre donnera les mêmes avantages, les mêmes bénéfices sur la longueur totale des 303 kilomètres parcourus par les omnibus.

RÉSULTAT PROBABLE AVEC LA VOIE LARGE.

En prenant le prix par kilomètre, établi par M. Eiffel, 7,038,000 fr. et le chiffre de la recette brute 280,317 fr. admis pour la voie de $1^m,00$.

Intérêts de 7,038,000 fr. à 5 p. 0/0	351.900 f.
En ajoutant aux frais d'exploitation de la voie étroite. . . . . fr. 238,190	
Un tiers en plus 79,369	317.586.
Le total des dépenses est de . . . . : . .	669.486 f.
La recette brute étant la même par kilomètre, ci. . .	280.317.
Le déficit probable par kilomètre sera	389.169 f.

Les frais d'exploitation seront assurément de beaucoup plus élevés avec la voie large que ceux de la voie étroite et le chiffre de la recette brute sera la même que pour la voie étroite. Il est donc évident que les dépenses énormes de premier établissement de la voie large dans Paris, ne peut donner que des résultats négatifs se traduisant par un déficit certain et qui ne peut être que très élevé.

Un chemin de fer à voie large n'aura à charrier que le déficit ; il est grandement temps de sortir de la routine, il est urgent de sacrifier cette voie majestueuse et ruineuse et de la remplacer par une voie moins prétentieuse, mais beaucoup plus modeste, plus économique et plus pratique. Le monde commerçant et industriel comprend aujourd'hui que la question des chemins se résume en deux mots : étendre le plus possible le réseau, et c'est le cas ou jamais pour le Métropolitain, avec le minimum de dépenses de premier établissement, seul moyen de rémunérer convenablement le capital engagé dans la construction et d'avoir la confiance des actionnaires. On arrivera de la sorte à relever notre commerce si cruellement atteint par la cherté des transports avec la voie large, qu'il faut remplacer par les transports à bon marché. La prospérité générale s'accroîtra, on voyagera davantage, et la révolution économique produite par la création des chemins de fer à voie étroite s'arrêtera sans mécomptes, dans un accroissement de bien-être général.

Et le progrès triomphera de la routine.

AUTRE EXEMPLE D'UN MÉTROPOLITAIN AÉRIEN
A VOIE LARGE.

Nous ajoutons qu'un chemin de fer aérien dans Paris, coûtant comme celui de Londres, 18 millions par kilomètre, la Société qui se chargerait de son établissement et de l'exploitation, serait exposée à enregistrer chaque année le déficit suivant, en admettant le même chiffre de la recette brute, de 280,317 francs par kilomètre, admis pour la voie de 1 mètre.

Intérêts de 18,000,000 fr. à 5 pour 0/0 . . . .   900,000 fr.

En ajoutant aux frais d'exploitation de la voie étroite . . . . 238,190 fr.   }

Un tiers en plus 79,396   }   317,586.

Le total des dépenses est de . . . .   1,217,586 fr.

La recette brute étant absolument la même par kilomètre que pour la voie étroite, ci . . . .   280,317 fr.

Le déficit probable par kilomètre est de . . . . . .   937,269.

Et pour 21 kilomètres nous aurons :

937,269 fr. $\times$ 21 kil. $=$ 19,683,649 fr.

En chiffre rond, le déficit chaque année est de   19,680,000f.

Il faut avouer qu'il faudra louer bien cher les boutiques arcadées du Viaduc du Métropolitain aérien, coupant Paris en deux, de la gare Saint-Lazare à la gare de Lyon, pour réduire ce déficit énorme de 3 ou 4 millions seulement.

Nous doutons fort qu'un pareil projet soit du goût de M. Alphand au point de vue artistique, sans compter la fumée des machines, le tapage, le bruit du roulement que feront aux passages nombreux des trains sous les fenêtres des Parisiens.

Et les déraillements si par malheur il en arrivait !... ce qui est dans les choses possibles.

Et si nous avons ces craintes, c'est que nous avons des raisons personnelles pour y croire ; à moins cependant qu'il ait changé de goût artistique depuis 1868.

En 1868, nous avons présenté un projet de passerelle à établir au-dessus du boulevard Poissonnière, où le passage est toujours dangereux, où la rencontre des voitures, des piétons et des omnibus allant dans quatre sens, du faubourg Montmartre et des boulevards. M. Alphand s'est opposé à la construction de la passerelle que nous avions rendue aussi légère et aussi agréable à l'œil que possible au point de vue artistique ; donnant pour raison, qu'on ne devait à aucun prix abîmer son Paris qu'il avait tant de mal à embellir de son mieux, qu'un pont ou une passerelle quelconque nuirait à la perspective et à la beauté de nos boulevards, « et tant que je serai Directeur des Travaux de la Ville de Paris, ajouta-t-il, je m'opposerai avec la plus grande énergie à la construction de tout ce qui pourrait nuire à la beauté des rues de la capitale. » M. Alphand, en sa qualité de Directeur des Travaux de la Ville de Paris, a eu parfaitement raison de s'opposer à l'établissement de la passerelle en question qui pouvait nuire au bel aspect de nos magnifiques boulevards.

Maintenant, figurons-nous voir le chemin de fer de Vincennes prolongé jusqu'à la gare Saint-Lazare et coupant Paris en deux, les trains enfumés roulant sur des boutiques arcadées comme celles qui existent aujourd'hui et qui forment un des côtés si laid de la rue de Lyon. Les arcades du viaduc n'étant pas construites ni disposées pour y établir de beaux et grands magasins, ne pourront être louées à des prix peu élevés, qu'à une quantité de brocanteurs de tous les métiers, tels que : marchands de vieux habits, d'articles de Paris, de bouchons, de vieilles ferrailles, de chiffons, etc.; des deux côtés. de la maçonnerie monumentale arcadée, ne sera pas faite le moins du monde pour embellir la capitale.

Nous avons le regret de ne pouvoir trouver rien de bien beau, rien d'artistique dans l'ensemble des magasins établis sous les arcades du chemin de fer de Vincennes, pas plus qu'au Viaduc du chemin de fer de Ceinture, de la gare d'Auteuil à la porte de Versailles, si on y installait des brocanteurs de tous métiers sous les arcades.

Aujourd'hui, comme en 1868, il s'agit de ne pas abîmer Paris.

Nous ne voyons pas bien comment les égoûts peuvent abîmer Paris comme le prétendent quelques journalistes, mais ce que nous savons bien c'est qu'ils consolident partout où ils passent. Il en serait donc de même d'un tunnel sous les rues pour un chemin de fer Métropolitain.

La santé, la sécurité de la population ne souffre pas énormément pendant la construction d'un égoût, d'une rue à l'autre, qui ne dure que quelques jours. La construction des égoûts se fait très rapidement, soit en maçonnerie de meulière, de briques ou en ciment à prise rapide. Et c'est précisément pour réduire la somme des inconvénients dans l'établissement du Métropolitain que nous avons adopté la voie étroite qui comporte un tunnel de plus petite ouverture pour la voie de 1 mètre, que pour la voie large, ne voyant aucune nécessité d'employer la voie normale et de dépenser des sommes considérables pour une utilisation qui peut faire le même travail avec une dépense de 8 à 10 moins élevée. C'est beaucoup plus sage et beaucoup plus économique.

Les personnes qui ont voyagé sur les chemins de fer à voie de 1 mètre, seront certainement de notre avis, ayant reconnu par elles-mêmes quels services rendent ces moyens de transports à bon marché. Ce qui nous le fait croire encore davantage, c'est que nous avons amené à notre avis, un ingénieur en chef des ponts-et-chaussées en retraite, qui nous offrait son concours, en 1883, pour l'étude d'un funiculaire pour desservir Montmartre et d'un Métropolitain à voie large. Il était question, à cette époque, d'un projet de Métropolitain à voie normale, dont le prix s'élevait à 9 millions par kilomètre.

Nous lui avons répondu : un funiculaire pour Montmartre ne nous plairait pas, nous lui préférons un chemin de fer à voie de 1 mètre, partant des Halles Centrales et aboutissant à la station de Saint-Ouen (Chemin de Fer de Ceinture), passant par le Marché Saint-Pierre et la place du Tertre, transportant voyageurs et marchandises, coûtant un million par kilomètre et rapportant un intérêt assuré au public qui apportera son argent dans son entreprise. Nous voulons bien nous occuper d'un Métropolitain, mais à la condition qu'il sera à voie étroite, et en voici la raison : nous perdrions notre temps et nous ne trouverions pas un capitaliste pour nous prêter son concours financier sans subvention ni garantie d'intérêt du Gouvernement.

Dans les ponts-et-chaussées, vous n'avez pas à vous préoccuper de l'intérêt du capital que vous considérez comme une quantité négligeable, c'est l'État qui paie ; mais dans l'industrie, c'est une tout autre affaire. Il faut penser, avant tout, de quelle manière et avec quoi on pourra payer l'intérêt du capital, et la première question que vous pose un banquier quand vous lui proposez une affaire, est celle-ci : combien d'intérêt me rapportera le capital nécessaire à l'exécution de votre projet, — quelle garantie m'offrez-vous pour le remboursement de mon argent ?

Si nous avions un projet de Métropolitain à voie large, à proposer à un banquier, coûtant 9 millions par kilomètre, et connaissant les éléments du trafic que nous avons tous les ans par le Rapport de la Compagnie des Omnibus, lu dans ses assemblées générales, que répondriez-vous à ces questions ?

Avec la voie large dans Paris, établie en galerie souterraine, coûtant 9 millions par kilomètre, le trafic ne couvrira pas les frais de premier établissement, en voulez-vous la preuve, la voici :

L'intérêt de 9,000,000 fr. à 5 pour 0/0	450,000 fr.
Les frais d'exploitation s'élèveront à un tiers en plus de la recette brute admise pour la voie étroite que nous croyons devoir être, par kilomètre, de..................	317,600.
Le total des dépenses sera de..................	767,600 fr.
La recette brute sera la même que celle que nous croyons être pour la voie de 1 mètre évaluée à........	280,300
Le déficit probable, par kilomètre, est de.....	487,300 fr.

Tandis qu'avec la voie étroite, à une voie de 1 mètre, ne coûtera pas beaucoup plus de 1 million par kilomètre, et nous aurons :

Intérêt du capital de premier établissement, 1,000,000 fr. à 5 pour 0/0..............................	50,000 fr.
Les frais d'exploitation s'élèveront environ à... ...	140,000.
Total des dépenses par kilomètre..............	210,000 fr.
La recette brute étant la même que celle de la voie large..........	280,000.
Le bénéfice net certain sera de	70.000 fr.

Soit 5 pour 0/0 après le remboursement de l'intérêt du capital à
5 pour 0/0 déjà compris dans les dépenses d'exploitation, ce qui fait
10 pour 0/0.

Dans ces conditions, on peut compter sur le concours d'un
capitaliste.

Prenez vos renseignements, faites vos calculs, et quand vous serez
suffisamment édifié, nous reparlerons de cette affaire.

Huit jours après, M. X..., ingénieur en chef en retraite, nous dit,
en nous abordant : — M. Barrault, vous avez raison, il n'y a que le
Métropolitain à voie étroite qui peut donner satisfaction à la population parisienne et donner un intérêt suffisamment rémunérateur au
capital engagé dans la construction, pour tenter l'entreprise, mettons-
nous donc à l'œuvre.

M. X... se chargea des projets des tracés de la rive gauche qu'il
habitait, et nous ceux de la rive droite où nous habitons depuis
longtemps.

Au mois de mai 1883, nous avons présenté au Préfet de la Seine, un
avant-projet de Métropolitain à voie de 1 mètre, mais il ne fut pas
présenté au Conseil Municipal comme nous l'avons dit plus haut.

Et pour que M. X..., ingénieur en chef des ponts-et-chaussées,
nous ait dit : vous avez raison, nous pouvons bien croire que nous
avons tout à fait raison.

En 1863, les frais d'exploitation du Métropolitain de Londres se
sont élevés à 60 0/0 de la recette brute. En 1872, ils étaient de 50 0/0.
Les dernières dépenses de **50 millions** pour l'établissement de
1 kilomètre, au centre de la Cité, ont gravement compromis son
avenir.

D'après le rapport présenté au Conseil municipal de Paris, en
1887, très bien établi sur le résultat du trafic de la Compagnie des
Omnibus et d'après les chiffres donnés plus haut, il est suffisamment
démontré que sur la longueur de 303 kilomètres parcourus et des-
servis par les Omnibus, on a la certitude, en y établissant un Métropolitain à voie de 1 mètre à 2 voies sous les boulevards intérieurs,
aérien ou souterrain sur les boulevards extérieurs et les avenues ; et
à une voie sous les rues, le public est assuré d'y trouver un très bon
placement de ses économies, tandis qu'avec l'établissement d'un Métropolitain à voie large, il est assuré de courir des risques, de faire
un placement où l'argent qu'il engagerait dans cette entreprise, serait
pleine de périls pour ses économies. De plus, avec le Métropolitain à
voie étroite, le chemin de fer de Ceinture conserverait son travail et
ne resterait pas inoccupé. C'est bien là, les soussignés le croient
sincèrement, la véritable et la plus heureuse solution à donner à ce
grave problème.

EXPLOITATION.

La traction se fera au moyen de machines à air comprimé ou à vapeur sans feu, comme celles employées sur la ligne de Rueil à Port-Marly sur 7 kilomètres, ou 14 aller et retour, sans recharger la machine. Cette machine fonctionne depuis quelque temps sur le tramway de Neuilly à la Madeleine.

On descendra en souterrain comme on descend à la station de Charonne, des Batignolles ou à celle d'Auteuil pour faire une course qui durera de cinq à dix minutes pour se rendre à ses affaires ; dix minutes suffiront pour traverser Paris : de Montmartre à Montrouge, ou de la place de la Bastille au Champ-de-Mars, et un quart d'heure à peine pour faire le trajet de la place de la République ou de la Bastille au bois de Boulogne. Il n'y a donc aucune raison sérieuse pour craindre d'altérer sa santé pendant le temps que durera une course en souterrain ; durât-elle dix minutes ou même un quart d'heure, et encore bien moins que les voyageurs qui passent les Alpes sous le Mont-Cenis, dont la longueur est de plus de 12 kilomètres. Nous avouons sincèrement ne pas connaître un seul voyageur se plaindre d'y avoir été atteint d'une extinction de voix, du plus petit rhume, ni même du choléra. Cependant, il est autrement dangereux pour sa santé de faire plus de 12 kilomètres pendant une demi-heure en souterrain sous les Alpes, que de parcourir 2 ou 3 kilomètres sous nos boulevards, sous les avenues et même sous les rues de la ville de Paris, que tout Parisien qui prendra le Métropolitain pour faire une course qui ne durera que cinq ou dix minutes au plus, dans des galeries souterraines extrêmement propres, très bien aérées et fort bien éclairées.

Mais où ce sera un véritable voyage d'agrément rapide, c'est quand il s'agira de se rendre, les dimanches et les jours de fêtes, d'un point quelconque de Paris au Trocadéro, au bois de Boulogne, à la revue ou aux courses de Longchamp, et d'autant plus agréable que le retour se fera rapidement et économiquement.

Le chiffre des marchandises apportées par les Compagnies de chemins de fer, entrées dans Paris pendant l'année 1885 a été de 5,431,000 tonnes, soit par jour $\dfrac{5,431,000^{\text{T}}}{365} = 14,880$ tonnes à distribuer aux destinataires sur la longueur du Métropolitain.

Le service de l'approvisionnement des Halles Centrales, se fera de minuit à cinq heures du matin et un travail de douze heures suffira pour expédier et distribuer le stock le marchandises apportées par les Compagnies de chemin de fer.

Comme il est dit plus haut, la Compagnie des Omnibus a transporté 177,425,000 voyageurs en 1885 sur un parcours de 303 kilomètres. Le nombre des voyageurs à transporter par an et par kilomètre sera $\dfrac{177,425,000}{103} = \dfrac{585,577}{365} = 1,604$ voyageurs par jour.

Soit 1,604 voyageurs à prendre par kilomètre.

Le Métropolitain aura donc à transporter par jour 1,604 voyageurs $\times$ 213 kilomètres $=$ 341,652 voyageurs à répartir sur sa longeur.

Avec un travail de 18 heures par jour, de 6 heures du matin à minuit, on peut facilement, avec 4 trains par heure, composés d'une machine et de 2 voitures de 20 places, transporter 40 voyageurs de 15 minutes en 15 minutes, soit par heure $4 \times 40 = 160$ voyageurs; et, pour 18 heures, $18 \times 160 = 2,880$ voyageurs par kilomètre, ce qui fait par jour :

$2,880 \times 213 = 613,440$ et par an $613,440 \times 365$ jours $= 223,905,560$ voyageurs, au lieu de $1,604 \times 213 = 341,652$ par les omnibus par jour, et par an : $341,652 \times 365$ jours $= 124,702,980$ par les omnibus sur la même longueur de 213 kilomètres.

Si le Métropolitain était établi sur la longeur de 303 kilomètres parcourus par les omnibus, au lieu de transporter 177,425,000 voyageurs comme en 1885, on pourrait donc en transporter par jour, en 18 heures :

$2,880 \times 303 = 872,640$, et, par an, $872,640 \times 364 = 318,513,600$.

Ce qui fait ressortir que, pendant que les omnibus transportent 177,420,000 voyageurs par an, un Métropolitain à voie de 1 mètre en transporterait 318,513,600 par an avec 4 trains seulement par heure. Dans ces conditions, le transport des voyageurs dans la capitale serait fait de la manière la plus satisfaisante pour les Parisiens et les étrangers qui seraient, par suite de cette heureuse installation, soustraits au danger de se faire écraser par les cochers en traversant les rues.

Le transport des marchandises, qui a été de 5,431,000 T., en 1885, fait par jour $\dfrac{5,431,003}{365} = 14,880$ tonnes à répartir et à distribuer sur la longueur des 213 kilomètres du Métropolitain.

Entre les trains des voyageurs, les marchandises seront déposées dans les stations d'où elles seront transportées à domicile : $\dfrac{14,680,^{\text{T}}}{213}$ $\times$ 69 ^{T} 85 par kilomètre.

La distribution des marchandises aura lieu de 6 heures du matin à 6 heures du soir; 12 heures sont plus que suffisantes pour cette opération

$$\dfrac{69,^{\text{T}} 85}{12,^{\text{T}}} \; 5,^{\text{T}} 82 \text{ par heure.}$$

On comprendra sans peine qu'il reste assez de marge pour assurer un service d'exploitation d'une manière satisfaisante des lignes à une voie, à plus forte raison restera-t-il de marge pour une exploitation beaucoup plus considérable avec les lignes à deux voies.

Les soussignés peuvent assurer qu'un Métropolitain à voie de 1 mètre, avec des lignes à une voie sous les rues et à deux voies sous les boulevards et les avenues, peut être établi confortablement avec un capital de premier établissement de 1,200,000 francs par kilomètre pour un tunnel à une voie, et 1,600,000 francs par kilomètre pour un tunnel à deux voies, pouvant transporter quatre à cinq fois plus de voyageurs que la Compagnie des Omnibus pendant la même durée de travail.

Les soussignés ont pensé que le XVIIIe arrondissement, malgré l'altitude 129 au sommet de la Butte Montmartre, devait être desservi le plus commodément possible; arrondissement des plus intéressants, le plus salubre de Paris, et où l'on peut facilement loger cent mille habitants de plus.

LIGNES DE MONTMARTRE.

La plus longue ligne qui doit desservir Montmartre part des Halles-Centrales, suit les rues Montmartre ou Montorgueil, Poissonnière, Notre-Dame-de-Lorette, Lepic, de Maistre, Damrémont, et se termine à la gare de l'avenue de Saint-Ouen, avec embranchement vers le boulevard Ornano.

La deuxième suit la rue des Martyrs, la rue des Abbesses, la rue Lepic, et s'arrête à la place du Tertre.

La troisième suit les rues Cadet, Rochechouart, Turgot, le Marché Saint-Pierre, les rues Sainte-Marie, Becquerel et du Mont-Cenis.

Un tramway à ficelle peut être bon pour transporter quelques curieux pendant les jours de fêtes et les dimanches, mais il faut un moyen de transport plus sérieux pour desservir les habitants de la Butte Montmartre et transporter voyageurs et marchandises.

A Lyon, des hauteurs de Fourvières, on domine toute la ville et la vallée du Rhône, et l'on a devant soi un panorama merveilleux. Là, le clergé n'a pas manqué d'y établir une cathédrale, Notre-Dame de Fourvières.

A Paris, de la Butte Montmartre, on domine Paris et la vallée de la Seine, et la vue s'étend à une grande distance et d'où l'on jouit d'un immense panorama, unique, imposant. Là, sur le plateau de la butte, le clergé encore n'a pas manqué d'y établir l'église du Sacré-Cœur; il a la capitale de la France sous ses pieds.

Espérons que les conseillers municipaux qui siègent en ce moment à l'hôtel de ville, seront mieux inspirés que ceux de Lyon, et qu'ils se prononceront pour l'installation d'un chemin de fer à voie étroite qui desservira sérieusement les habitants de Montmartre, au lieu d'y laisser installer un tramway funiculaire sans grande utilité, qui ne desservirait qu'un nombre restreint de curieux.

Il y a autour de la Butte une population très nombreuse, très intéressante, républicaine, qui demande et qui désire autre chose qu'un tramway à ficelle pour desservir un des arrondissements des plus peuplés et des plus salubres de la capitale.

Il devient urgent d'avoir un moyen d'y monter facilement les objets lourds et difficiles à transporter, destinés à la consommation journalière de la population, et le moyen aussi de descendre en quelques minutes au centre de Paris : un chemin de fer à crémaillère, au besoin, comme celui établi au Righi (Suisse), à Langres (Haute-Marne), et d'Estremblières au plateau des Treize-Arbres, sur le Grand Salève (Haute-Savoie).

Montmartre est certainement l'enfer des chevaux ; il faut voir, pour le croire, comment ces pauvres bêtes y sont maltraitées, assommées par les brutes de charretiers, glissant et s'abattant sous les coups sur les bords des trottoirs, ou au milieu des rues, s'affaissant sous le poids de leur charge, dans l'impossibilité d'aller plus loin, de faire un pas de plus avec des voitures trop fortement chargées.

C'est bien à Montmartre que la Société protectrice des animaux devrait y établir son siège ; elle trouverait là de quoi occuper largement les loisirs de tous ses agents inoccupés ailleurs.

Afin d'éviter et de mettre un terme à ces graves inconvénients, et d'arriver à desservir facilement et utilement les habitants de la Butte, déjà, en 1883, un projet de chemin de fer sous les rues, à voie de 1^m00, et dont le prix était évalué à un million par kilomètre, a été présenté au Conseil municipal, permettant de transporter voyageurs et marchandises jusque sur le plateau, épargnant aux habitants le pénible spectacle décrit plus haut, que l'on voit chaque jour dans les rues, se dirigeant vers le sommet ; mais le Conseil municipal n'eut pas le temps de l'examiner.

Il faut espérer aujourd'hui qu'il se décidera pour l'établissement d'un chemin de fer à voie étroite.

En 1888, des pétitions imprimées sont déposées chez les restaurateurs, les marchands de vin, et dans les cafés de la capitale.

Voici le texte de la pétition soumise à la signature de la population parisienne en faveur du chemin de fer métropolitain :

A Messieurs les Députés.

« Messieurs,

« Les soussignés, ouvriers, industriels, commerçants et habitants
« de Paris et de la banlieue, ont l'honneur d'insister auprès de vous
« pour la prompte exécution du chemin de fer métropolitain.
« Tandis que Londres, New-York, Berlin, ont leur Métropolitain,
« Paris, avec ses gares éloignées, en est réduit, pour tous les moyens
« de transport intérieurs, **à l'insuffisant monopole de la Com-**
« **pagnic des Omnibus.**
« Que le chemin de fer métropolitain soit souterrain ou aérien,
« qu'il soit construit et exploité par l'État, par la Ville ou par un
« Syndicat de Compagnies, c'est aux pouvoirs publics qu'il appar-
« tient de résoudre la question. Le principal, c'est que Paris soit
« doté d'un organe indispensable à son développement et à sa pros-
« périté.
« Le commencement des travaux du chemin de fer Métropolitain

« doit entraîner une reprise sérieuse des affaires et avoir pour consé-
« quence de rendre leur activité à nos industries parisiennes et na-
« tionales, si durement éprouvées pendant ces dernières années.
« L'ouverture de vastes chantiers, où les bras actuellement inoccu-
« pés trouveront à s'employer, est la meilleure et la plus efficace ga-
« rantie de paix politique et sociale.

« Le Métropolitain est en même temps une nécessité de défense
« nationale.

« Les pétitionnaires comptent donc, Messieurs, sur votre action
« toute puissante et sur votre patriotisme.

« Le Comité d'initiative a décidé d'adresser cette pétition à tous les
« comités de Paris et de la banlieue, aux comités des vingt arrondis-
« ments, aux Chambres syndicales ouvrières et patronales et à tous
« les patentés.

« Veuillez agréer, Messieurs, etc... »

LE MÉTROPOLITAIN DEVANT LA CHAMBRE
DES DÉPUTÉS.

M. de Lamarzelle a fait remarquer à la Chambre qu'il s'agit, dans
le projet d'intérêts essentiellements parisiens, que le Conseil d'État
a, il est vrai, estimé que le Métropolitain avait un intérêt stratégique,
mais le ministre de la guerre déclare qu'il ne pourra recevoir de
trains militaires.

Les charges du projet sont écrasantes ; le Métropolitain de Londres
a coûté 10 millions par kilomètre (c'est 18 millions qu'il faut dire), et
le sol, les constructions sont moins favorables à Paris qu'à Londres.

Le conseil des ponts et chaussées a approuvé le projet parce que le
gouvernement en avait pris l'initiative et qu'il se trouvait dans l'impossibilité de le condamner.

Quant à l'exploitation, elle est absolument aléatoire.

Selon lui, ce sont les gens d'affaires qui ont organisé sur cette question une publicité scandaleuse.

Le pays s'étonnera qu'on dépense 220 millions (230 aujourd'hui
d'après le nouveau tracé) pour un projet qui n'intéresse réellement
que ceux qui auront à manier cette somme.

M. Cavaignac, lui, trouve que les conventions financières ne sont
pas assez précises, notamment en ce qui touche les prévisions de re-
cettes.

M. Raymond. — On parle, dit-il, de la garantie des grandes Compagnies de chemins de fer, comme si elle était assurée ; mais les grandes Compagnies n'ont pas pris un engagement formel, et chaque fois
qu'on le leur a demandé, elles ont répondu évasivement.

Or, il leur sera trop facile d'échapper en se retranchant derrière l'impossibilité matérielle d'emprunter pour leurs trains des lignes offrant des successions de courbes de 150 mètres de rayon.

M. Pradon, dans son remarquable travail, a longuement passé en revue les inconvénients et les dangers du projet proposé, et la Chambre a cru devoir ne pas l'accepter. Il a dit tout ce qu'il y avait à en dire.

Ainsi, c'est uniquement pour en finir, pour donner satisfaction à une certaine impatience de la population parisienne que l'on s'est résigné à présenter le projet en question.

Le côté financier de l'affaire a éprouvé également de vives critiques; on n'était point rassuré sur les engagements que prenaient les grandes Compagnies de chemins de fer, les termes n'en paraissaient pas assez clairs.

L'affaire, on peut bien le dire, n'était pas suffisamment étudiée. **Personne n'était bien convaincu que le Métropolitain, exécuté dans les conditions proposées, rendrait les services que le public était en droit d'attendre** et offrait, même avec les sacrifices de la Ville et de l'État, **un intérêt rémunérateur à ses actionnaires.** Voilà ce qui fait que la Chambre a refusé de s'engager.

Il n'y a pas trop lieu de s'en étonner, en songeant au nombre de gros intérêts engagés dans cette affaire.

LANGAGE RELEVÉ DANS LES JOURNAUX.

« Pourtant on a lieu d'être surpris de voir les agitateurs socialistes
« se passionner et s'indigner pour un acte législatif qu'ils semblaient
« devoir être les premiers, sinon les seuls à approuver, puisqu'il est
« une atteinte portée non pas aux intérêts des Parisiens, **mais aux
« intérêts des grandes Compagnies et des capitalistes.**

« Il se trouve que ce sont eux qui font le plus de bruit comme s'ils
« étaient les plus intéressés à l'entreprise.

« Nous ne pouvons cependant supposer **qu'il y ait personne
« doué d'une dose de naïveté assez forte pour s'imaginer que
« les auteurs du projet du Métropolitain,** nous ne dirons pas
« n'ont pas eu d'autre but, **mais même ont eu pour but prin-
« cipal de donner de l'ouvrage aux ouvriers parisiens et de
« fournir un moyen de locomotion commode et à bon marché
« à la population de Paris : c'était là certainement le dernier
« de leurs soucis.**

« **Le Métropolitain n'a été qu'une énorme opération finan-
« cière.**

« L'entreprise aurait certainement rendu service à quelqu'un, **aux
« grandes Compagnies de chemins de fer,** comme on sait, en
« un syndicat, qui auraient eu des lignes de raccordement entre leurs
« gares, traversant Paris, et ensuite aux grands et même aux petits
« propriétaires de terrains et d'immeubles avoisinant le tracé des
« lignes projetées et qui auraient spéculé ferme sur les expropriations
« et sur la plus value résultant de la création des nouvelles lignes.

« Les contribuables auraient payé comme toujours la dépense,
« sous la forme de garantie d'intérêts, d'élévation du prix des
« loyers, etc.

« Quant à la dépense, on ne sait pas encore quel pourra être, en
« raison du capital engagé et des frais d'exploitation encore inconnus,
« le tarif de ce Métropolitain (d'après le dernier projet présenté au
« Conseil municipal de Paris. Cette dépense serait de 9 millions par
« kilomètre).

« **Les critiques qu'on a adressées et qu'on adresse encore
« aux tramways sont certes justifiées.** »

Le service des omnibus et tramways a, pour la population, un
avantage considérable, qu'on ne peut guère songer à invoquer en faveur du Métropolitain à voie large, coûtant trop de millions par kilomètre et ne pouvant être établi que sur quelques-uns ; c'est celui de
la ramification multiple des lignes qui, avec le système des corres-
dances, permet aux voyageurs de s'embarquer à un point quelconque,
extrême ou intérieur, et de descendre au point précis où il veut
aller.

Ce qu'on peut dire des omnibus et des tramways, c'est que, sur certaines lignes, le nombre de voitures et des places est insuffisant. C'est que les départs fixés avec la régularité administrative ne correspondent pas aux besoins; c'est que le tarif est mal établi et qu'enfin le système de l'impériale est trop primitif et par trop peu confortable. C'est qu'il y a une Compagnie d'omnibus qui jouit d'un monopole. Mais la durée doit avoir certaines limites, et, en tout cas, **la Société doit toujours avoir le droit de le racheter par l'expropriation, si l'intérêt public l'exige.**

Or, s'il y a un service ayant le caractère public, c'est bien le transport des voyageurs dans une ville comme Paris, alors que ce transport dispose de la voie publique qu'il encombre.

Ou bien les besoins existent, ou bien ils n'existent pas. S'ils n'existent pas, il n'y a rien à faire, ni Métropolitain, ni autre chose. **S'ils existent, il faut les satisfaire et leur satisfaction peut procurer des bénéfices.**

Aujourd'hui, la même question se représente avec une ténacité qui exige une solution.

Après mûre réflexion, les soussignés croient fermement que ce qui convient le mieux à Paris aux ouvriers et aux ouvrières, à tous les travailleurs, c'est celui de la ramification multiple des lignes qui, avec le système des correspondances, permet aux voyageurs de s'embarquer et de descendre aux points où ils le jugent convenable. Voilà ce dont la population parisienne a besoin, et la population ouvrière plus qu'aucune autre, parce qu'après dix heures de travail et quarante ou cinquante minutes de trajet, c'est bien le moins qu'elle n'ait pas encore à faire une heure de chemin et même davantage le plus souvent.

Le présent avant-projet recevra-t-il meilleur accueil aujourd'hui que celui présenté en 1883 pour desservir la population parisienne, les Halles pendant la nuit, ainsi que les gares des grandes Compagnies de chemins de fer.

Les soussignés en ont presque l'espoir, en voyant la tendance qu'a M. le Ministre des Travaux publics à remplacer les chemins de fer à voie large, qui ne rapportent pas assez pour couvrir les frais d'exploitation, par des lignes à voie étroite, qui coûtent dix fois moins et qui donnent des bénéfices aux actionnaires.

RENSEIGNEMENTS

SUR LES LONGUEURS ET LES PRIX DE PREMIER ÉTABLISSEMENT DE TUNNELS DIVERS, PAR MÈTRE COURANT.

Le tunnel du Mont-Cenis a une longueur de . . . . . 12.234 m.

A New-York, la ligne souterraine dans la ville de Battery au Central-Park, passe sous Broadway, sur une longueur de . . . . 8.047 m.

Avec embranchement sous Maison-Avenue, aboutissant à la rivière de Harlem, de . . . . 9.656 m.

Soit une longueur totale de 17 kil. 703.

A Liverpool, le chemin de fer de Manchester amène souterrainement les voyageurs au centre de la Haute-Ville.

D'autres chemins de fer, pour les marchandises, traversent la ville en souterrain, pour desservir des Docks et des gares de marchandises situées sur le bord de la rivière Mersey.

Une autre ligne souterraine relie le Dock du Canada à la ligne de Manchester, pour le service des voyageurs.

Les tunnels de Belleville et de Charonne ont ensemble une longueur de . . . . 2.145 m.

Ils ont coûté. . . . . 1.063 fr.

et. 1.100

le mètre courant, têtes comprises.

Le tunnel de 8 mètres de largeur sur la ligne d'Amiens a coûté, le mètre courant . . . . 1.000 fr.

(non compris les terrains et les voies.)

Le grand égoût collecteur de 5^m20 de largeur et de 4^m33 de hauteur sous clef, sous le boulevard de Sébastopol a coûté, le mètre courant . . . . 480 fr.

La voûte de 19^m50 de portée recouvrant le canal Saint-Martin, sous le boulevard Richard-Lenoir à 4 mètres de profondeur dans la nappe aquifère, a coûté, le mètre courant . . . . 2.500 fr

Le pont double de Bercy, en pierre, sur la Seine, a coûté. . . . . 1.000.000 fr

y compris les viaducs des quais. Sa longueur entre les culées est de 188 mètres, sa largeur entre parapets est de 15^m47, dont 7^m56 pour le chemin de fer de Ceinture; 0^m10 pour la clôture en fonte, et 7^m81 pour le passage communal.

Le pont de Solférino sur la Seine a coûté . . . . . . 1.083.000 fr.

La distance entre les culées est de 126^m50; sa largeur entre les têtes est de 20 mètres.

Le pont d'Argenteuil sur la Seine pour chemin de fer à deux voies, a coûté. . . . . 1.300.000 fr.

La distance entre les culées est de 192^m80.

GALERIES SOUTERRAINES.

OUVERTURES.

Les galeries souterraines pour une voie ou pour recevoir deux voies seront aussi faciles à construire que celles des égouts de Paris, soit en maçonnerie de ciment, soit en maçonnerie de briques, de meulières ou à tablier métallique et auront la même forme avec des dimensions qui présenteront la même solidité, autant de sécurité que le collecteur général type, qui reçoit toutes les eaux des égoûts de la capitale.

Le projet définitif déterminera toutes les parties qui seront en galeries souterraines, à voûtes, à tablier métallique ou à ciel ouvert, si ce projet est accueilli favorablement par le Conseil municipal de Paris et le gouvernement.

Le Métropolitain de Londres est construit en galerie souterraine pour deux voies, avec une ouverture de . . . . $7^m.72$

En France, il y a des souterrains pour deux voies avec des ouvertures différentes ; les unes de. 8. 69
d'autres de 7. 60

A Paris, le collecteur général présente une section à l'extérieur de la voûte de 7. 20

A l'intérieur, de 5. 60
avec une hauteur de voûte de 5. 30

La galerie souterraine du boulevard Saint-Michel, au-dessous du boulevard Saint-Germain, a une section de 3. 70
avec une hauteur de voûte de 5. 15

La galerie souterraine à établir pour deux voies du présent projet Métropolitain à voie de $1^m,00$ a une ouverture de 5. 90
et une hauteur de maçonnerie de 4. 25

La section de la galerie souterraine pour une seule voie du présent projet du Métropolitain est de 3. 90
et une hauteur de maçonnerie de 3. 90

Les renseignements et les dimensions des galeries souterraines ci-dessus construites dans Paris et ailleurs, et celles du présent avant-projet suffiront pour rassurer les partisans du Métropolitain parisien, sur la possibilité d'établir, sous les rues de Paris, des galeries souterraines disposées pour y recevoir une ou deux voies ferrées. En effet, s'il est possible de construire des galeries souterraines sous les rues de Paris, comme celles du collecteur général et celle du boulevard Saint-Michel, on pourra construire aussi facilement les deux types de galeries de notre projet à voie étroite, qui sont projetées avec des ouvertures ayant des dimensions à peu près les mêmes pour deux voies, et plus petites pour la galerie souterraine pour recevoir une voie.

En conséquence, Monsieur le Ministre, d'après ce qui précède, encouragés par des amis compétents en matière de chemin de fer ; très convaincus que le présent avant-projet, s'il était adopté, pourrait rendre de grands services, puisqu'il résout la grave question de l'établissement d'un Métropolitain économique, que les soussignés proposent, devant desservir la capitale sur une étendue de 213 kilomètres, aussi grande qu'on peut le désirer, avec un capital de 5 à 10 fois moindre que celui du Métropolitain à voie large ; que leur avant-projet répond à tous les besoins dans toutes les directions de la Ville de Paris ; qu'il assure le transport des voyageurs et des marchandises avec la certitude que le produit du trafic couvrira les frais de premier établissement et d'exploitation du Métropolitain à voie de $1^m,00$, ils ont l'honneur de vous adresser la présente demande en concession des lignes souterraines désignées plus haut.

Dans le cas où l'Etat serait décidé à construire quelques kilomètres du Métropolitain à voie large, ils maintiennent leur demande en concession des rayonnements à voie de 1 mètre que Monsieur le Ministre voudra bien leur accorder.

En terminant, les soussignés ajoutent qu'ils ne croient pas que la gêne apportée à la circulation par la construction des tunnels en meulière et en ciment de Portland sous les voies publiques soit plus grande que ne l'a été celle résultant de la construction de certains égouts de la Ville de Paris.

Ils joignent à leur demande en concession les pièces suivantes :

1° Un mémoire descriptif et estimatif ;

2° Un plan d'ensemble à l'échelle de $\dfrac{1}{20,000}$;

3° Deux coupes de types des tunnels pour une et deux voies de 1 mètre ;

4° Un profil en long par la Mairie du XVIIIme Arrondissement, de la ligne des Halles au plateau de Montmartre, au $\dfrac{1}{10,000}$;

5° Un profil en long, d° par le Marché Saint-Pierre.

Ils ont l'honneur d'être,

Monsieur le Ministre,

Vos très respectueux serviteurs,

BARRAULT ET CONSORTS.

Paris, le 27 Novembre 1890.

Paris. — Imprimerie Vve Hugonis, 6, rue Martel.

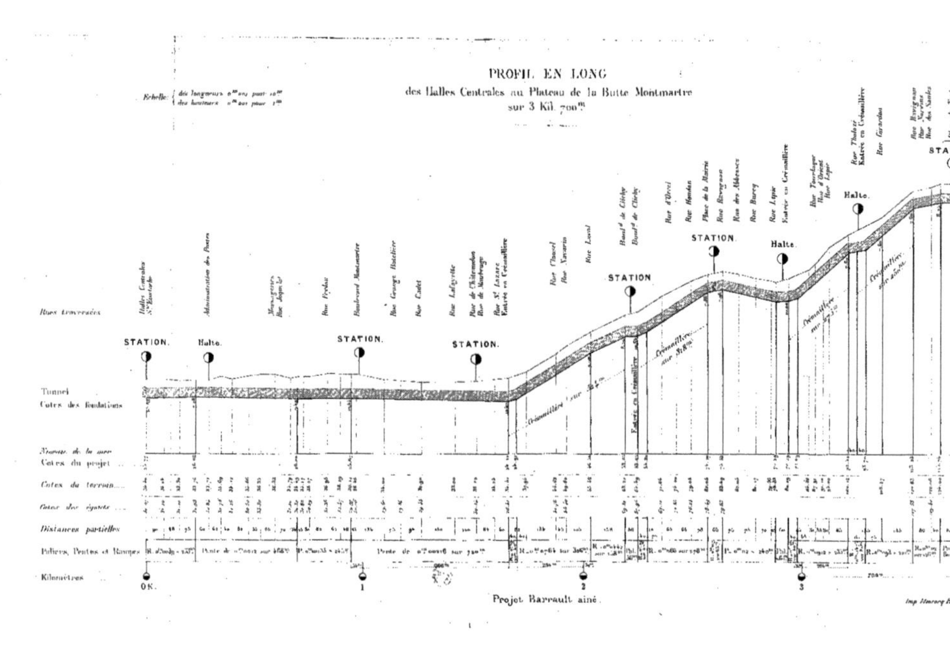

PROFIL EN LONG
des Halles Centrales au Plateau de la Butte Montmartre
sur 3 Kil. 700.m
Echelle: des longueurs 0.m005 pour 10.m
des hauteurs 0.m01 pour 1.m
Rues traversées
Tunnel
Cotes des fondations
Niveau de la mer
Cotes du projet
Cotes du terrain
Cotes des égouts
Distances partielles
Paliers, Pentes et Rampes
Kilomètres
STATION.
Halte.
STATION.
Halte.
Halles Centrales S.t Eustache
Administration des Postes
Montmartre Rue Notre Dame
Rue Poissonnière
Boulevard Montmartre
Rue Georges Bizet
Rue Cadet
Rue Lafayette
Rue de Châteaudun
Rue de Maubeuge
Rue St Lazare
Batterie en Grenaillère
Rue Pascal
Rue Navarin
Rue Laval
Boulevard de Clichy
Rue d'Orsel
Rue Houdon
Place de la Barre
Rue Berançon
Rue des Abbesses
Rue Burcq
Rue Lepic
Batterie en Grenaillère
Rue Tourlaque
Rue d'Orsel
Rue Joseph
Rue Thedor
Batterie en Grenaillère
Rue Gardelot
Rue Bourgeau
Rue Nourrit
Rue des Saules
Place du Tertre
Crémaillère sur 3k,50
Crémaillère sur 3k,50
Crémaillère au 3k,50
Batterie en Grenaillère
0 K.
1
2
3
700.m
Projet Barrault aîné.
Imp. Monrocq Paris.

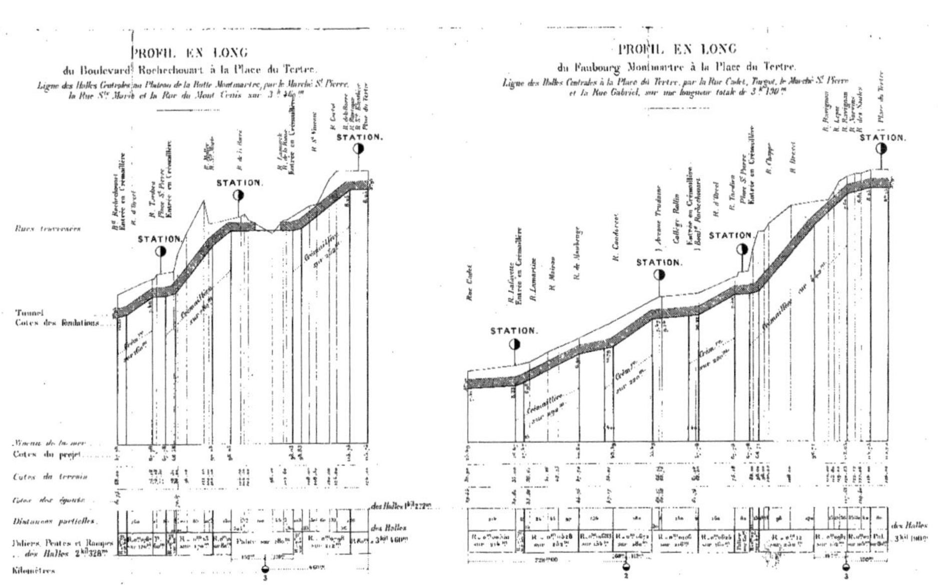

Projet Barrault aîné.

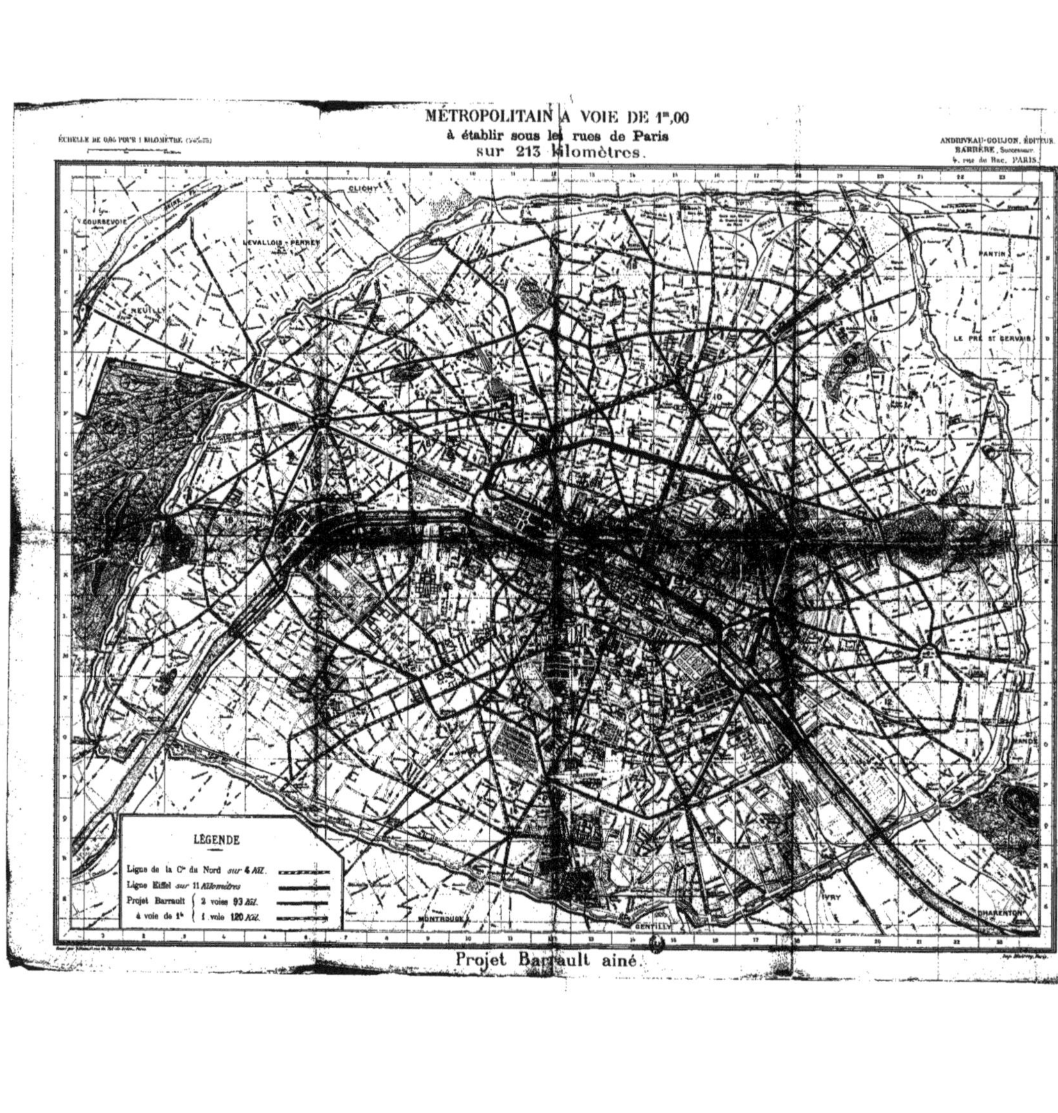

MÉTROPOLITAIN A VOIE DE 1m,00
à établir sous les rues de Paris
sur 213 kilomètres.
ÉCHELLE DE 0,04 POUR 1 KILOMÈTRE (1/25.000)
ANDRIVEAU-GOUJON, ÉDITEUR
BARRÈRE, Successeur
4, rue du Bac, PARIS
LÉGENDE
Ligne de la Cie du Nord sur 4 kil.
Ligne Eiffel sur 11 kilomètres
Projet Barrault { 2 voies 93 kil.
à voie de 1m { 1 voie 120 kil.
Projet Barrault ainé